AF234892

Impressum
Verlag: BABADADA GmbH, Nedderfeld 112 , 22529 Hamburg
Geschäftsführer / Verlagsleitung: Harald Hof
Druck: Books on Demand GmbH, In de Tarpen 42, 22848 Norderstedt

Imprint
Publisher: BABADADA GmbH, Nedderfeld 112 , 22529 Hamburg, Germany
Managing Director / Publishing direction: Harald Hof
Print: Books on Demand GmbH, In de Tarpen 42, 22848 Norderstedt

colegio
בית ספר

aula
כיתה
dividir
חילק
186/2
pizarrón
לוח
patio de escuela
maestro
מורה
papel
נייר
escribir
כתב
birome
עט
escritorio
שולחן עבודה
regla
סרגל
libro
ספר
alumno
תלמיד

mochila
ילקוט

caja de lápices
קלמר

lápiz
עיפרון

sacapuntas
מחדד

goma (de borrar)
גומי מחיקה

bloc de dibujo
חוברת סרטוט

dibujo

סרטוט

pincel

מברשת

caja de pinturas

קופסת צבעים

tijera

מספריים

pegamento

דבק

cuaderno de ejercicios

ספר תרגול

tarea

שיעור בית

número

מספר

sumar

חיבר

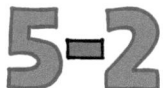

restar

חיסר

multiplicar

הכפיל

calcular

חישב

letra

אות

abecedario

אלפבית

palabra

מילה

texto

טקסט

leer

קרא

tiza

גיר

lección

שיעור

cuaderno de clase

יומן נוכחות

examen

מבחן

certificado

תעודה

uniforme escolar

תלבושת בית ספר

educación

חינוך

enciclopedia

אנציקלופדיה

universidad

אוניברסיטה

microscopio

מיקרוסקופ

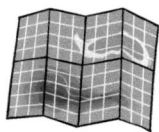

mapa

מפה

tacho (de basura)

סל נייר

viaje
נסיעה

hotel
מלון
Grand
hostel
הוסטל
casa de cambio
המרת מטבע
valija
מזוודה
auto
אוטו

idioma

שפה

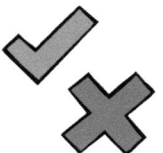

sí / no

כן / לא

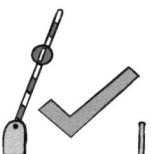

Está bien

בסדר

hola

שלום

traductor

מתרגם

Gracias

תודה

¿cuánto cuesta...?

כמה עולה.....?

No entiendo

אני לא מבין

problema

בעיה

¡Buenas tardes!

ערב טוב!

¡Buenos días!

בוקר טוב!

¡Buenas noches!

לילה טוב!

adiós

להתראות

dirección

כיוון

equipaje

כבודה

bolso

תיק

mochila

תרמיל גב

invitado

אורח

habitación

חדר

bolsa de dormir

שק שינה

carpa

אוהל

información turística

מרכז מידע לתיירים

playa

חוף ים

tarjeta de crédito

כרטיס אשראי

desayuno

ארוחת בוקר

almuerzo

ארוחת צהריים

cena

ארוחת ערב

pasaje

כרטיס

ascensor

מעלית

sello

בול

frontera

גבול

aduana

מכס

embajada

שגרירות

visa

אשרה

pasaporte

דרכון

transporte

תחבורה

avión
מטוס
barco
אונייה
autobomba
כבאית
colectivo
אוטובוס
camión
משאית
lancha a motor
סירת מנוע
bicicleta
אופניים
auto
אוטו

ferry

מעבורת

bote

סירה

moto

אופנוע

patrullero

ניידת משטרה

auto de carreras

מכונית מרוץ

auto de alquiler

רכב שכור

alquiler de autos

מכוניות בשיתוף

grúa

אוטו גרר

camión de basura

משאית זבל

motor

מנוע

nafta

דלק

estación de servicio

תחנת דלק

señal de tránsito

תמרור

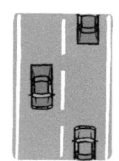

tránsito

תנועה

embotellamiento

פקק תנועה

estacionamiento

חניה

estación de tren

תחנת רכבת

vías

פסי רכבת

tren

רכבת

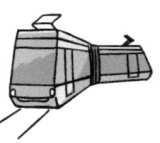

tranvía

רכבת קלה

vagón

קרון

helicóptero

מסוק

aeropuerto

שדה-תעופה

torre

מגדל

pasajero

נוסע

contenedor

קונטיינר

caja de cartón

קרטון

carretilla

עגלה

canasta

סל

despegar / aterrizar

המראה / נחיתה

ciudad

עיר

pueblo

כפר

centro de ciudad

מרכז העיר

casa

בית

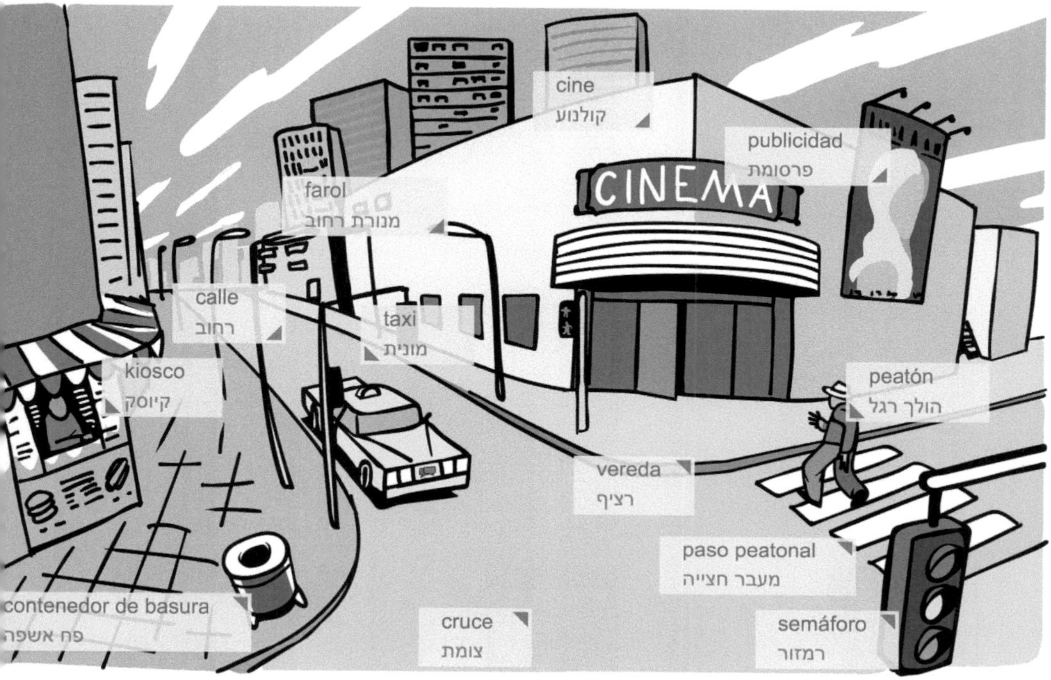

cine
קולנוע
CINEMA
publicidad
פרסומת
farol
מנורת רחוב
calle
רחוב
taxi
מונית
kiosco
קיוסק
peatón
הולך רגל
vereda
רציף
paso peatonal
מעבר חצייה
contenedor de basura
פח אשפה
cruce
צומת
semáforo
רמזור

cabaña

בקתה

departamento

דירה

estación de tren

תחנת רכבת

municipalidad

עירייה

museo

מוזיאון

colegio

בית ספר

universidad

אוניברסיטה

banco

בנק

hospital

בית חולים

hotel

מלון

farmacia

בית מרקחת

oficina

משרד

librería

חנות ספרים

negocio

חנות

florería

חנות פרחים

supermercado

סופרמרקט

mercado

שוק

grandes tiendas

כל-בו

pescadería

מוכר דגים

centro comercial

קניון

puerto

נמל

parque

פארק

banco

ספסל

puente

גשר

escaleras

מדרגות

subte

רכבת תחתית

túnel

מנהרה

parada del colectivo

תחנת אוטובוס

bar

בר

restaurante

מסעדה

buzón

תא דואר

letrero

שלט רחוב

parquímetro

מדחן

zoológico

גן חיות

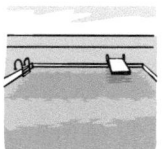

pileta

בריכת שחיה

mezquita

מסגד

granja

חווה

contaminación

זיהום

cementerio

בית עלמין

iglesia

כנסייה

juegos infantiles

מגרש משחקים

templo

בית מקדש

paisaje

נוף

hoja
עלה

poste indicador
תמרור

camino
דרך

pradera
מרעה

piedra
אבן

árbol
עץ

excursionista
מטייל

río
נהר

hierba
דשא

flor
פרח

14
paisaje - נוף

valle

בקעה

montaña

הר

lago

אגם

bosque

יער

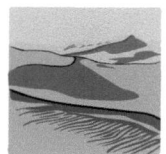

desierto

מדבר

volcán

הר געש

castillo

טירה

arco iris

קשת בענן

champiñón

פטריה

palmera

דקל

mosquito

יתוש

mosca

זבוב

hormiga

נמלה

abeja

דבורה

araña

עכביש

escarabajo

חיפושית

rana

צפרדע

ardilla

סנאי

erizo

קיפוד

liebre

ארנב

lechuza

ינשוף

pájaro

ציפור

cisne

ברבור

jabalí

חזיר בר

ciervo

צבי

alce

אייל הקורא

presa

סכר

aerogenerador

טורבינת רוח

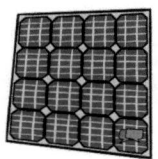

panel solar

פנל סולארי

clima

אקלים

restaurante

מסעדה

mozo
מלצר
menú
תפריט
silla
כסא
sopa
מרק
pizza
פיצה
cubiertos
סכו"ם
mantel
מפת שולחן

entrada

מנת פתיחה

plato principal

מנה עיקרית

postre

קינוח

bebidas

שתיות

comida

אוכל

botella

בקבוק

comida rápida

מזון מהיר

comida callejera

אוכל רחוב

tetera

קנקן תה

azucarera

מסכרת

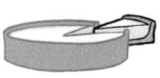

porción

מנה

cafetera expreso

מכונת אספרסו

sillita alta

כסא תינוק

cuenta

חשבון

bandeja

מגש

cuchillo

סכין

tenedor

מזלג

cuchara

כף

cucharita

כפית

servilleta

מפית

vaso

כוס

plato

צלחת

plato hondo

קערת מרק

plato

תחתית

salsa

רוטב

salero

מלחייה

molinillo de pimienta

מטחנת פלפל

vinagre

חומץ

aceite

שמן

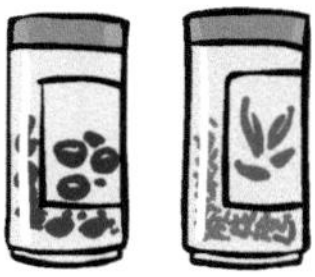

especias

תבלינים

kétchup

קטשופ

mostaza

חרדל

mayonesa

מיונז

supermercado

סופרמרקט

oferta especial
מבצע
cliente
לקוח
lácteos
מוצרי חלב
fruta
פירות
changuito
עגלת קניות

carnicería

אטליז

panadería

מאפייה

pesar

שקל

verduras

ירקות

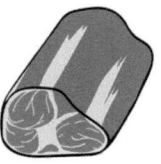

carne

בשר

alimentos congelados

מזון קפוא

fiambres

בשר קר

alimentos enlatados

שימורים

detergente en polvo

אבקת כביסה

golosinas

ממתקים

electrodomésticos

מוצרי בית

productos de limpieza

חומר ניקוי

vendedora

מוכרת

caja

קופה

cajero

קופאי

lista de compras

רשימת קניות

horario de atención

שעות פתיחה

billetera

ארנק

tarjeta de crédito

כרטיס אשראי

cartera

תיק

bolsa de plástico

שקית ניילון

bebidas

שתיות

agua

מים

jugo

מיץ

leche

חלב

bebida cola

קולה

vino

יין

cerveza

בירה

alcohol

אלכוהול

cacao

קקאו

té

תה

café

קפה

café expreso

אספרסו

cappuccino

קפוצ'ינו

banana

בננה

manzana

תפוח

naranja

תפוז

melón

אבטיח

limón

לימון

zanahoria

גזר

ajo

שום

bambú

במבוק

cebolla

בצל

champiñón

פטריות

nueces

אגוזים

fideos

אטריות

tallarines

ספגטי

arroz

אורז

ensalada

סלט

papas fritas

צ'יפס

papas fritas

צ'יפס

pizza

פיצה

hamburguesa

המבורגר

sándwich

כריך

churrasco

שניצל

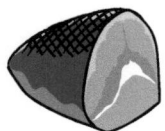

jamón

שינקין

salame

סלאמי

salchicha

נקניקיה

pollo

עוף

asado

טיגון

pescado

דג

copos de avena

שיבולת שועל

muesli

מוזלי

copos de maíz

קורנפלקס

harina

קמח

medialuna

קרואסון

pancito

לחמנייה

pan

לחם

tostada

טוסט

galletitas

עוגיות

manteca

חמאה

cuajada

גבינה לבנה

torta

עוגה

huevo

ביצה

huevo frito

ביצת עין

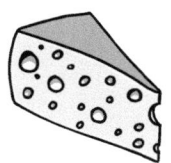

queso

גבינה

helado

גלידה

azúcar

סוכר

miel

דבש

mermelada

ריבה

pasta de chocolate

ממרח נוגט

curry

קארי

granja

חווה

granja
granero
אסם
fardo de paja
חבילת שחת
campo
שדה
caballo
סוס
remolque
עגלת נגרר
tractor
טרקטור
potrillo
סייח
burro
חמור
oveja
כבש
cordero
טלה

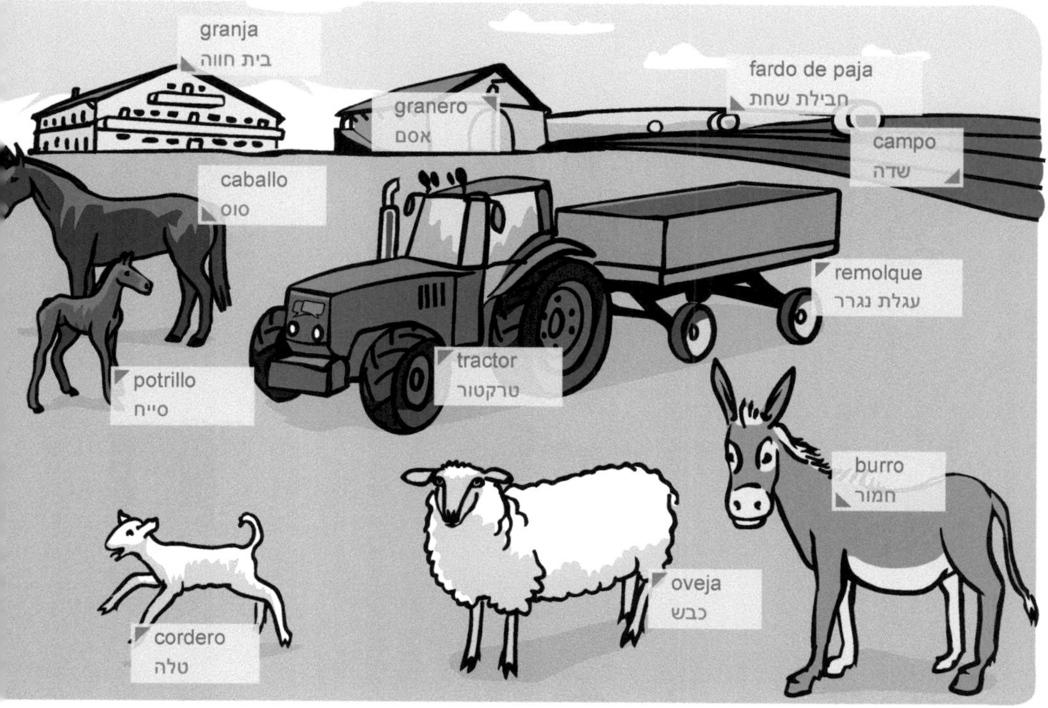

cabra

עז

vaca

פרה

ternero

עגל

cerdo

חזיר

lechón

חזרזיר

toro

שור

ganso

אווז

pato

ברווז

pollo

אפרוח

gallina

תרנגולת

gallo

תרנגול

rata

חולדה

gato

חתול

ratón

עכבר

buey

שור

perro

כלב

cucha

מלונה

manguera

צינור השקיה

regadera

קנקן מים

guadaña

חרמש

arado

מחרשה

hoz

מגל

azada

מגרפה

horquilla

קלשון

hacha

גרזן

carretilla

מריצה

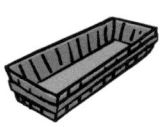

abrevadero

שוקת

lechera

כד חלב

bolsa

שק

reja

גדר

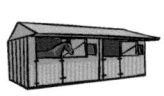

establo

אורווה

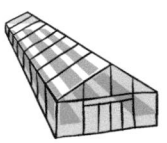

invernadero

חממה

suelo

אדמה

semilla

זרע

fertilizador

דשן

cosechadora

מקצרה

cosechar

קצר

cosecha

קציר

batatas

בטטה אפריקנית

trigo

חיטה

soja

סויה

papa

תפוח אדמה

maíz

תירס

semilla de colza

קנולה

árbol frutal

עץ פירות

mandioca

קסבה

cereales

דגנים

casa

בית

chimenea
ארובה
techo
גג
caño de desagüe
מרזב
ventana
חלון
garaje
מוסך
timbre
פעמון
puerta
דלת
tacho de basura
פח אשפה
buzón
תיבת מכתבים
jardín
גינה

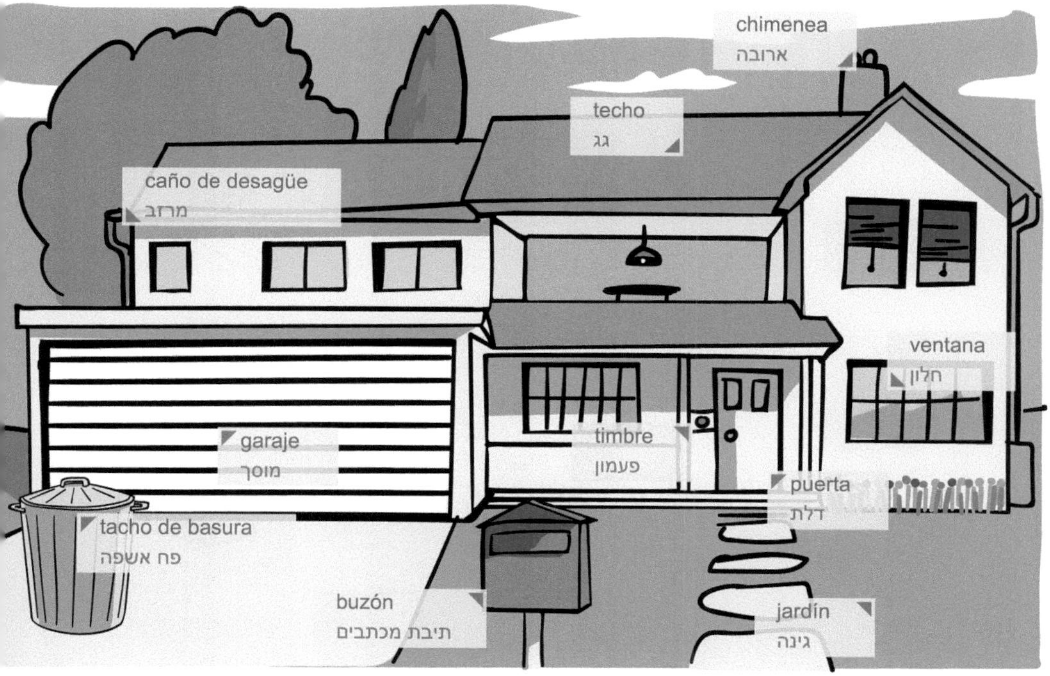

living

סלון

baño

חדר אמבטיה

cocina

מטבח

dormitorio

חדר שינה

cuarto de los chicos

חדר ילדים

comedor

חדר אוכל

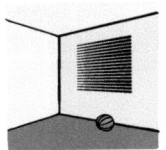

piso

רצפה

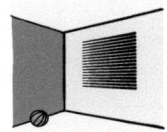

pared

קיר

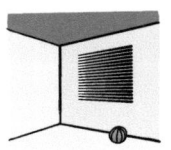

cielorraso

תקרה

sótano

מרתף

sauna

סאונה

balcón

מרפסת

terraza

מרפסת

pileta

בריכה

cortadora de pasto

מכסחת דשא

sábana

סדין

acolchado

כיסוי מיטה

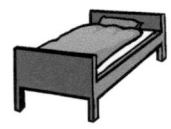

cama

מיטה

escoba

מטאטא

balde

דלי

interruptor

מפסק

living
סלון

empapelado
טפט
imagen
תמונה
lámpara
מנורה
estante
מדף
armario
ארון
televisión
טלוויזיה
chimenea
אח
flor
פרח
almohadón
כרית
sofá
ספה
florero
אגרטל
control remoto
שלט רחוק

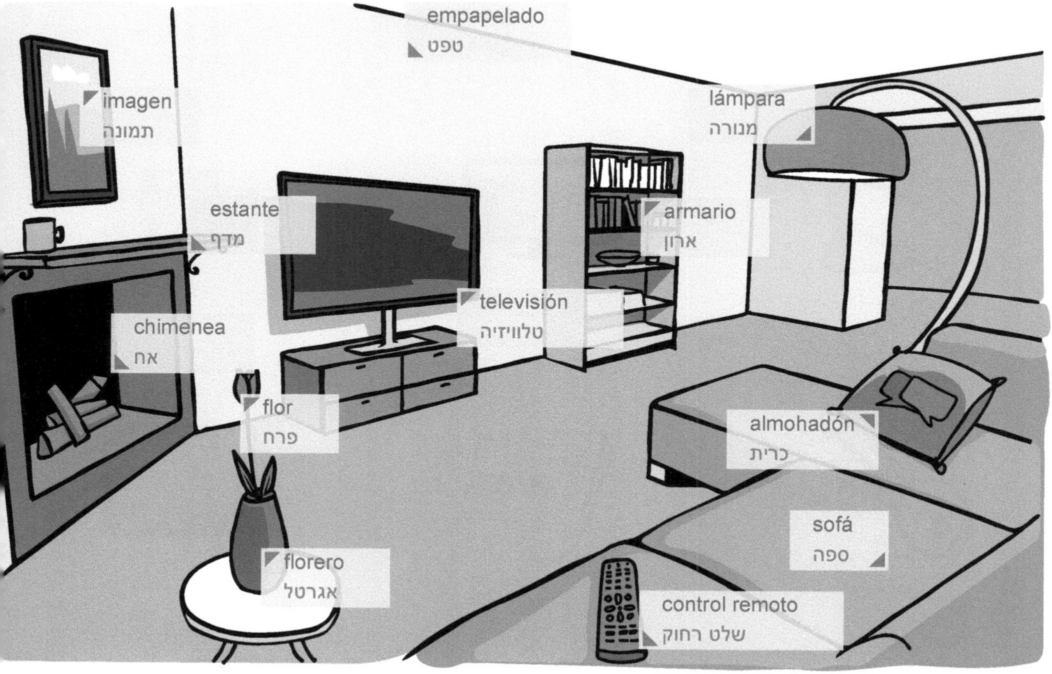

alfombra
שטיח

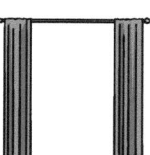

cortina
וילון

mesa
שולחן

silla
כסא

mecedora
כיסא נדנדה

sillón
כורסה

libro

ספר

frazada

שמיכה

decoración

דקורציה

leña

עצי הסקה

película

סרט

equipo de música

מערכת סטריאו

llave

מפתח

diario

עיתון

pintura

ציור

póster

פוסטר

radio

רדיו

cuaderno

מחברת

aspiradora

שואב אבק

cactus

קקטוס

vela

נר

cocina
מטבח

heladera
מקרר
microondas
מיקרוגל
balanza de cocina
tostadora
טוסטר
detergente
חומר ניקוי
horno
תנור
freezer
מקפיא
tacho de basura
פח אשפה
lavaplatos
מדיח כלים

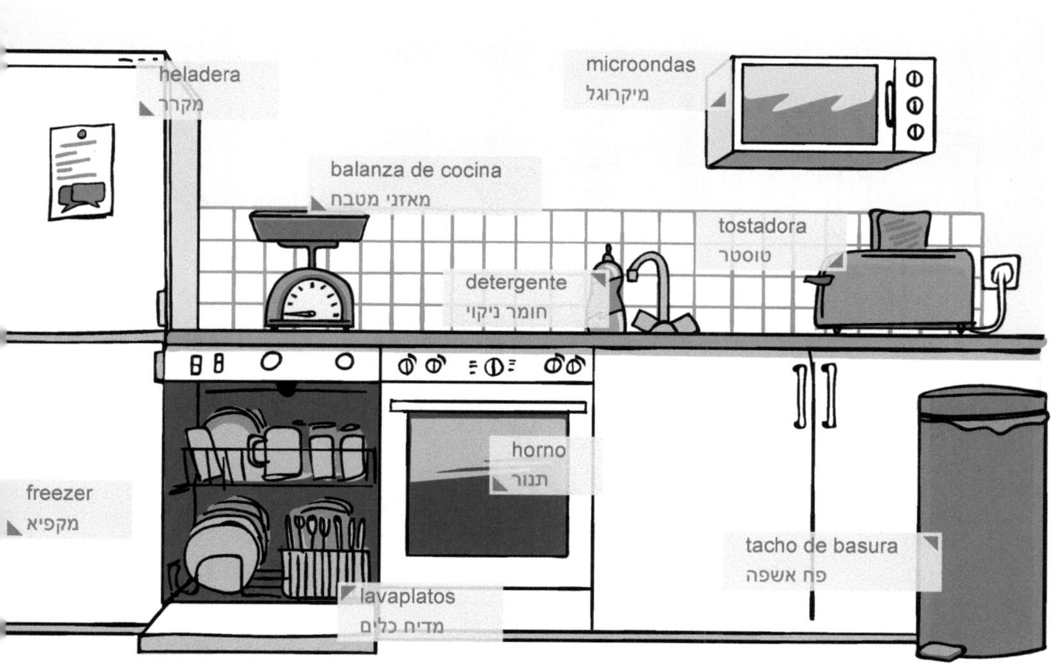

cocina
תנור

olla
סיר

olla de hierro fundido
סיר ברזל

wok
ווק

sartén
מחבת

pava
קומקום חשמלי

vaporera

מאדה

bandeja de horno

מגש אפייה

vajilla

כלי אוכל

taza

ספל

bol

קערה

palitos

צ'ופסטיקס

cucharón

מצקת

estpátula

מרית

batidora

מטרפה

colador

מסננת בישול

colador

מסננת

rallador

מגרדת

mortero

מכתש

parrilla

גריל

fogata

מדורה

tabla de picar

קרש חיתוך

palo de amasar

מערוך

sacacorchos

פותחן פקקים

lata

פחית

abrelatas

פותחן קופסאות

manopla

מטלית

pileta

כיור

cepillo

מברשת

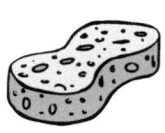

esponja

ספוג

batidora

בלנדר

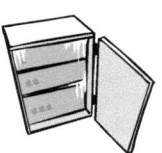

congelador

מקפיא

mamadera

בקבוק לתינוק

canilla

ברז

baño

חדר אמבטיה

ducha
מקלחת
calefacción
חימום
toalla
מגבת
cortina de ducha
וילון מקלחת
baño de espuma
אמבטיית קצף
bañadera
אמבטיה
vaso
כוס
lavarropas
מכונת כביסה
canilla
ברז
baldosas
אריחים
pelela
סיר לילה
pileta
כיור

inodoro

אסלה

letrina

אסלת כריעה

bidé

בידה

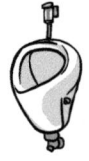

mingitorio

משתנה

papel higiénico

נייר טואלט

cepillo para el inodoro

מברשת אסלה

cepillo de dientes

מברשת שיניים

dentífrico

משחת שיניים

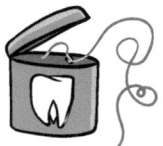

hilo dental

חוט דנטלי

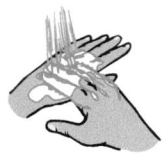

lavar

שטף

ducha de mano

מקלחת יד

ducha higiénica

צינור שטיפה לשירותים

palangana

קערת רחצה

cepillo para espalda

מברשת גב

jabón

סבון

gel de ducha

ג'ל רחצה

shampoo

שמפו

toallita

ליפה

desagüe

ניקוז

crema

קרם

desodorante

דיאודורנט

espejo

מראה

espejito

מראת יד

maquinita de afeitar

סכין גילוח

espuma de afeitar

קצף גילוח

aftershave

אפטרשייב

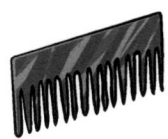

peine

מסרק

cepillo

מברשת

secador de pelo

מייבש שיעור

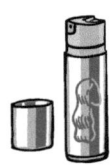

spray

ספריי לשיער

maquillaje

איפור

lápiz de labios

שפתון

esmalte para uñas

לק

algodón

צמר גפן

tijera para uñas

מספריים לציפורניים

perfume

בושם

portacosméticos

תיק כלי רחצה

banqueta

שרפרף

balanza

משקל

bata

חלוק רחצה

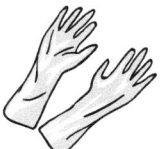

guantes de goma

כפפות גומי

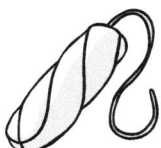

tampón

טמפון

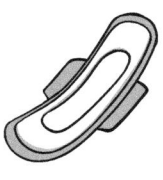

toallita femenina

תחבושת סניטרית

baño químico

שירותים כימיקליים

cuarto de los chicos
חדר ילדים

despertador
שעון מעורר
peluche
צעצוע חיבוק
coche de juguete
מכונית צעצוע
sonajero
רעשן
casa de muñecas
בית בובות
regalo
מתנה

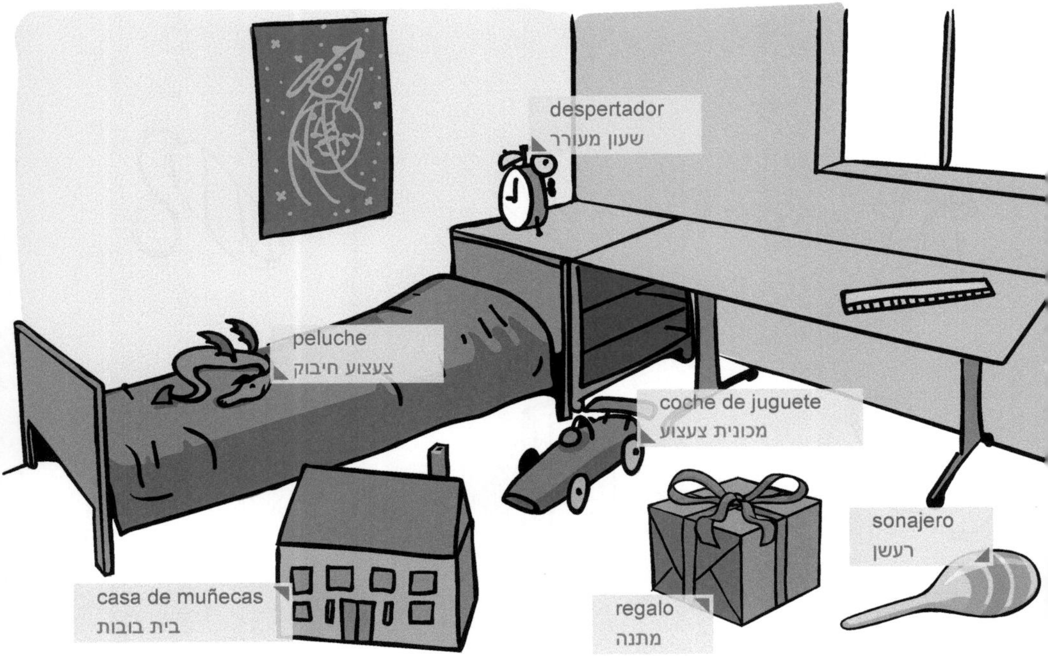

globo

בלון

cama

מיטה

cochecito

עגלה

cartas

משחק קלפים

rompecabezas

פאזל

historieta

קומיקס

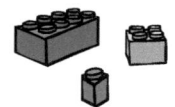

piezas de lego

לגו

ladrillos de juguete

קוביות משחק

figura de acción

דמות משחק

enterito (de bebé)

סרבל תינוקות

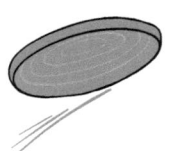

frisbee

פריזבי

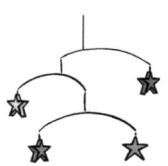

móvil para bebés

נייד

juego de mesa

משחק לוח

dados

קוביה

tren eléctrico

רכבת צעצוע

chupete

מוצץ

fiesta

מסיבה

libro de cuentos ilustrado

אלבום תמונות

pelota

כדור

muñeca

בובה

jugar

שיחק

arenero

ארגז חול

hamaca

נדנדה

juguetes

צעצועים

consola de videojuegos

קונסולת משחקים

triciclo

אופניים תלת גלגלי

osito de peluche

דובון

armario

ארון בגדים

ropa

בגדים

medias

גרביים

medias panty

גרביונים

calzas

גרביון

bufanda
צעיף

paraguas
מטריה

cinturón
חגורה

remera
חולצת טי

zapatillas
נעלי ספורט

botas
מגפיים

pantuflas
נעלי בית

sandalias	zapatos	botas de goma
סנדלים	נעליים	מגפי גומי
ropa interior	corpiño	chaleco
תחתונים	חזייה	וסט

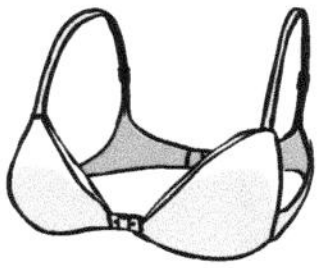

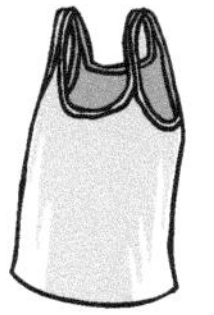

body

גוף

pantalones

מכנסיים

jeans

ג'ינס

pollera

חצאית

blusa

חולצה מכופתרת

camisa

חולצה

pulóver

אפודה

buzo

סווצ'ר עם קפוצ'ון

blazer

בלייזר

campera

ז'קט

tapado

מעיל

piloto

מעיל גשם

traje

תלבושת

vestido

שמלה

vestido de novia

שמלת כלה

traje

חליפה

camisón

כותונת לילה

pijama

פיג'מה

sari

סארי

pañuelo para cabeza

מטפחת ראש

turbante

טורבן

burka

בורקה

caftán

קאפטן

abaya

עבאיה

traje de baño

בגד ים

short de baño

בגד ים

shorts

מכנסיים קצרים

jogging

בגד אימון

delantal

סינר

guantes

כפפות

botón

כפתור

anteojos

משקפיים

pulsera

צמיד יד

collar

שרשרת

anillo

טבעת

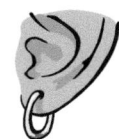

aro

עגיל

gorra

כובע

percha

קולב

sombrero

כובע

corbata

עניבה

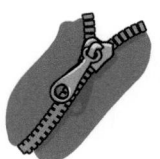

cierre

רוכסן

casco

קסדה

tiradores

כתפיות

uniforme escolar

תלבושת בית ספר

uniforme

מדים

babero

מפית אוכל

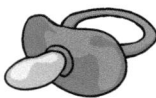

chupete

מוצץ

pañal

חיתול

oficina

משרד

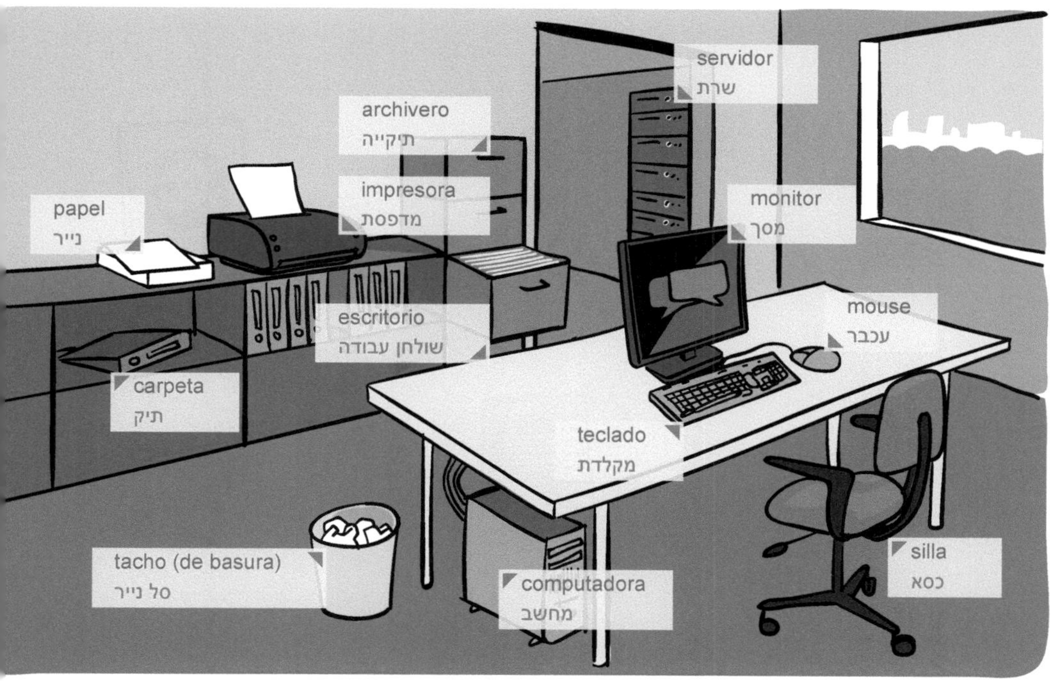

servidor
שרת

archivero
תיקייה

impresora
מדפסת

monitor
מסך

papel
נייר

escritorio
שולחן עבודה

mouse
עכבר

carpeta
תיק

teclado
מקלדת

tacho (de basura)
סל נייר

silla
כסא

computadora
מחשב

taza de café

ספל קפה

calculadora

מחשבון

internet

אינטרנט

laptop

מחשב נייד

carta

מכתב

mensaje

הודעה

celular

נייד

red

רשת

fotocopiadora

מכונת צילום

software

תוכנה

teléfono

טלפון

tomacorriente

שקע

fax

פקס

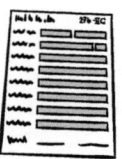

formulario

טופס

documento

מסמך

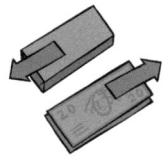

comprar

קנה

pagar

שילם

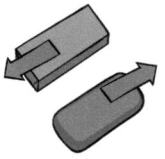

hacer negocios

סחר

dinero

כסף

USD

dólar

דולר

EUR

euro

יורו

JPY

yen

ין

rublo

רובל

CHF

franco suizo

פרנק שווייצרי

CNY

yuan

יואן רנמינבי

INR

rupia

רופי

cajero automático

כספומט

casa de cambio

המרת מטבע

oro

זהב

plata

כסף

petróleo

נפט

energía

אנרגיה

precio

מחיר

contrato

חוזה

impuesto

מס

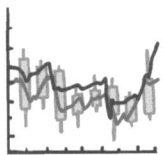

acción

מנייה

trabajar

עבד

empleado

עובד

empleador

מעסיק

fábrica

מפעל

negocio

חנות

ocupaciones

מקצועות

policía
שוטר
bombero
כבאי
cocinero
טבח
médico
רופא
piloto
טייס

jardinero

גנן

carpintero

נגר

modista

תופרת

juez

שופט

farmacéutico

כימאי

actor

שחקן

colectivero

נהג אוטובוס

taxista

נהג מונית

pescador

דייג

mucama

עובדת נקיון

techista

מתקן גגות

mozo

מלצר

cazador

צייד

pintor

צייר

panadero

אופה

electricista

חשמלאי

albañil

עובד בניין

ingeniero

מהנדס

carnicero

קצב

plomero

אינסטלטור

cartero

דוור

soldado

חייל

arquitecto

אדריכל

cajero

קופאי

florista

מוכר פרחים

peluquero

ספר

cobrador

כרטיסן

mecánico

מכונאי

capitán

קברניט

dentista

רופא שיניים

científico

מדען

rabino

רב

imán

אימאם

monje

נזיר

sacerdote

כומר

herramientas
כלי עבודה

tenaza
צבת
martillo
פטיש
destornillador
מברג
linterna
פנס
llave
מפתח ברגים

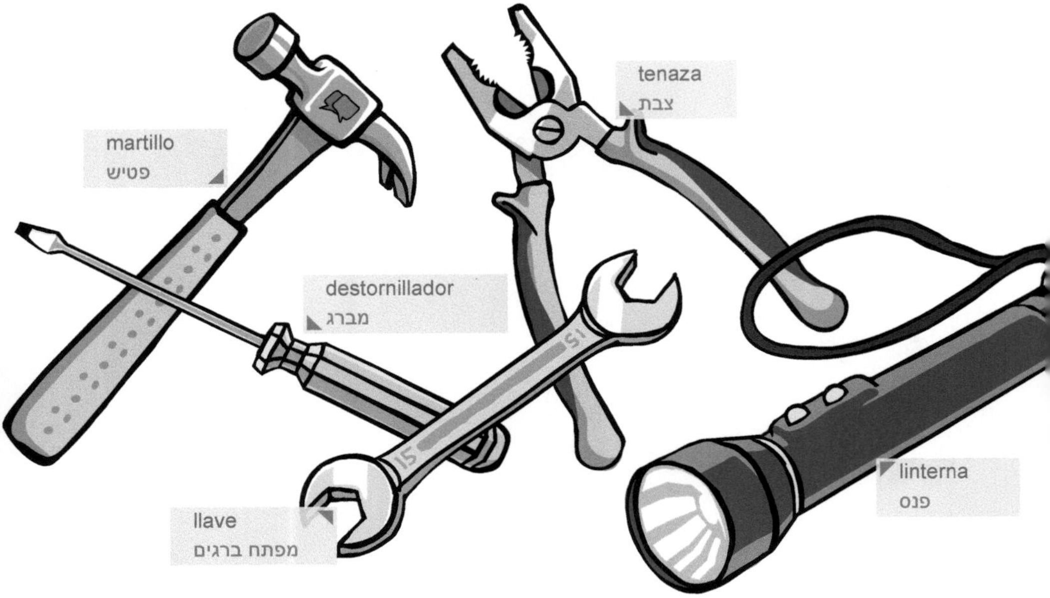

excavadora

דחפור

caja de herramientas

ארגז כלים

escalera portátil

סולם

sierra

מסור

clavos

מסמרים

taladro

מקדחה

arreglar

תיקן

pala de jardín

את חפירה

¡Qué bronca!

לעזאזל!

pala de plástico

יעה

tacho de pintura

פח צבע

tornillos

ברגים

instrumentos musicales

כלי נגינה

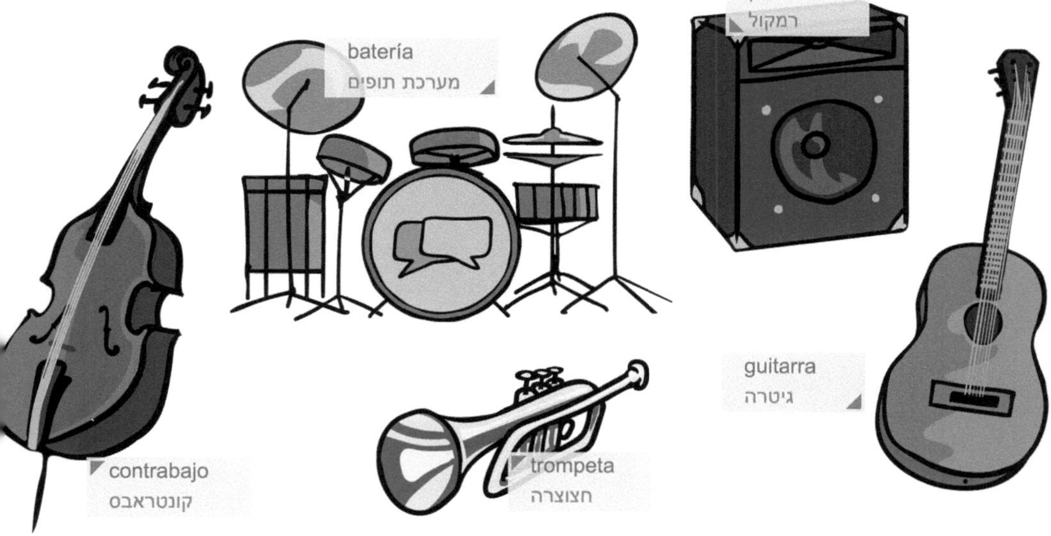

parlante
רמקול
batería
מערכת תופים
guitarra
גיטרה
contrabajo
קונטראבס
trompeta
חצוצרה

piano

פסנתר

violín

כינור

bajo

בס

timbales

תוף הדוד

tambor

תופים

teclado

מקלדת פסנתר

saxofón

סקסופון

flauta

חליל

micrófono

מיקרופון

zoológico

גן חיות

entrada
כניסה
tigre
נמר
jaula
כלוב
cebra
זברה
alimento para animales
מזון לחיות
oso panda
פנדה

animales

בעלי חיים

elefante

פיל

canguro

קנגרו

rinoceronte

קרנף

gorila

גורילה

oso

דוב

camello

גמל

avestruz

יען

león

אריה

mono

קוף

flamenco

פלמינגו

loro

תוכי

oso polar

דוב הקרח

pingüino

פינגווין

tiburón

כריש

pavo real

טווס

serpiente

נחש

cocodrilo

תנין

cuidador del zoológico

שומר גן החיות

foca

כלב ים

jaguar

יגואר

poni

סוס פוני

leopardo

לאופרד

hipopótamo

היפופוטאם

jirafa

ג'ירפה

águila

נשר

jabalí

חזיר בר

pescado

דג

tortuga

צב

morsa

סוס ים

zorro

שועל

gacela

איילה

deportes

ספורט

fútbol americano
פוטבול אמריקאי
ciclismo
רכיבת אופניים
tenis
טניס
básquet
כדורסל
natación
שחיה
boxeo
אגרוף
hockey sobre hielo
הוקי

fútbol

כדורגל

bádminton

בדמינטון

atletismo

אתלטיקה

handball

כדור-יד

esquí

עשה סקי

polo

פולו

actividades
פעילויות

reír
צחק
saltar
קפץ
abrazar
חיבק
caminar
הלך
cantar
שר
soñar
חלם
rezar
התפלל
besar
נשק

escribir

כתב

dibujar

צייר

mostrar

הראה

presionar

דחף

dar

נתן

tomar

לקח

tener

יש / להיות הבעלים

hacer

עשה

ser

היה

estar parado

עמד

correr

רץ

tirar

משך

tirar

זרק

caer

נפל

estar acostado

שכב

esperar

חיכה

llevar

סחב

estar sentado

ישב

vestirse

התלבש

dormir

ישן

despertar

התעורר

mirar

הסתכל ב-

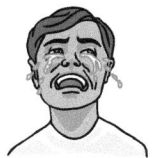

llorar

בכה

acariciar

ליטף

peinar

סירק

hablar

דיבר

entender

הבין

preguntar

שאל

escuchar

שמע

beber

שתה

comer

אכל

ordenar

סידר

amar

אהב

cocinar

בישל

manejar

נהג

volar

עף

navegar

שט

calcular

חישב

leer

קרא

aprender

למד

trabajar

עבד

casarse

התחתן

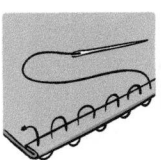

coser

תפר

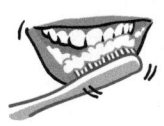

cepillarse los dientes

ציחצח שיניים

matar

הרג

fumar

עישן

enviar

שלח

abuela
סבתא

abuelo
סבא

padre
אבא

madre
אימא

bebé
תינוק

hija
בת

hijo
בן

invitado

אורח

tía

דודה

tío

דוד

hermano

אח

hermana

אחות

cuerpo

גוף

frente
מצח
ojo
עין
hombro
כתף
dedo
אצבע
cara
פנים
pera
סנטר
mano
כף יד
pierna
רגל
pecho
חזה
brazo
זרוע

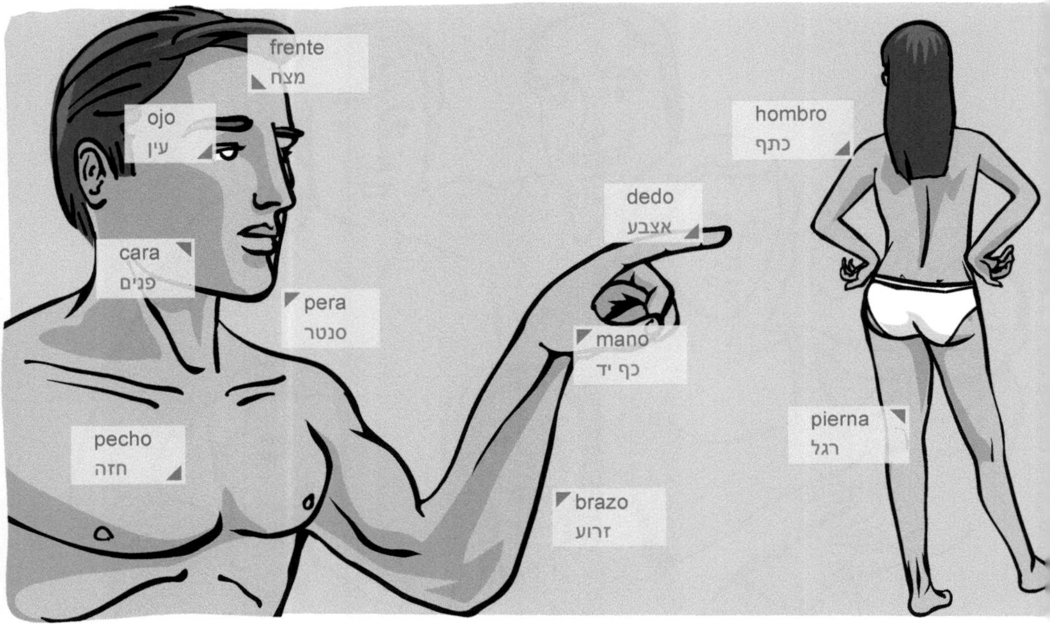

bebé

תינוק

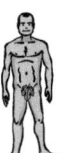

hombre

איש

mujer

אישה

nena

ילדה

nene

ילד

cabeza

ראש

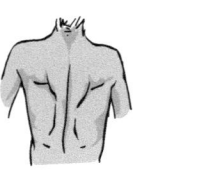

espalda

גב

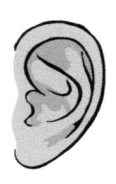

panza

בטן

ombligo

טבור

dedo del pie

אצבע

talón

עקב

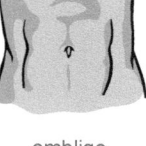

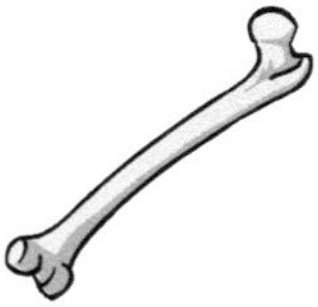

hueso

עצם

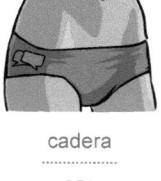

cadera

ירך

rodilla

ברך

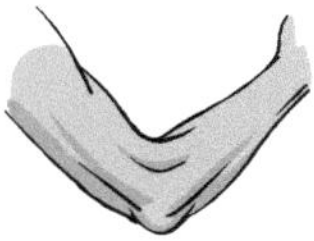

codo

מרפק

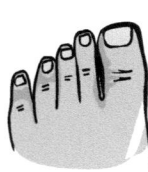

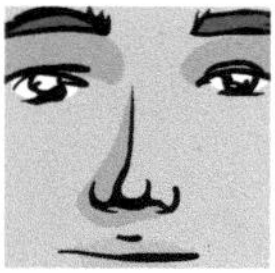

nariz

אף

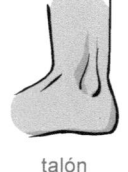

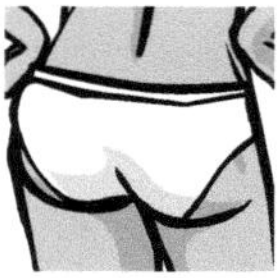

cola

עכוז

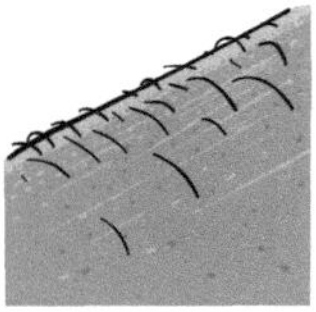

piel

עור

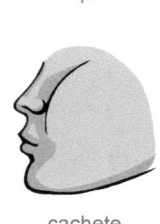

cachete

לחי

oreja

אוזן

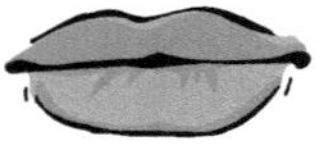

labio

שפתיים

boca

פה

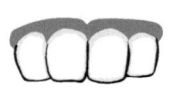

diente

שן

lengua

לשון

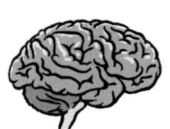

cerebro

מוח

corazón

לב

músculo

שריר

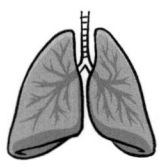

pulmón

ריאה

hígado

כבד

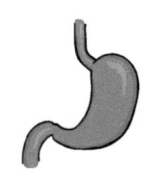

estómago

קיבה

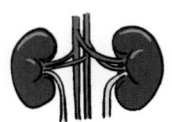

riñones

כליות

sexo

מין

preservativo

קונדום

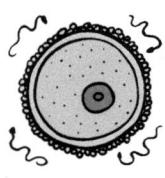

óvulo

ביצית

semen

זרע

embarazo

הריון

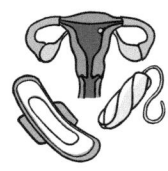

menstruación

ווסת

vagina

נרתיק

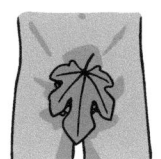

pene

פין

ceja

גבה

pelo

שיער

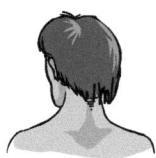

cuello

צוואר

hospital

בית חולים

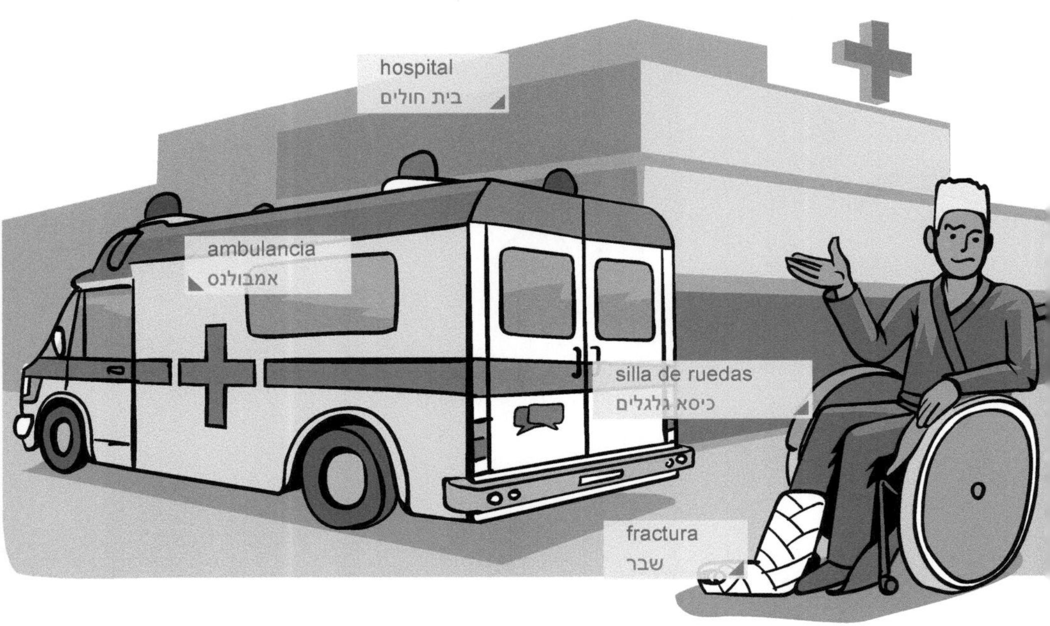

hospital
בית חולים
ambulancia
אמבולנס
silla de ruedas
כיסא גלגלים
fractura
שבר

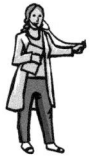

médico

רופא

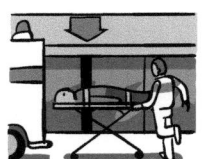

sala de guardia

חדר מיון

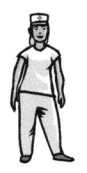

enfermera

אחות

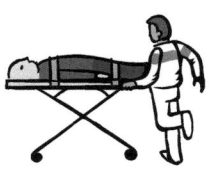

emergencia

חירום

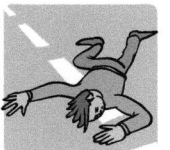

inconsciente

חסר הכרה

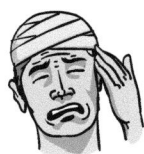

dolor

כאב

lesión

פציעה

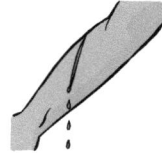

hemorragia

דימום

infarto

התקף לב

ACV

שבץ

alergia

אלרגיה

tos

שיעול

fiebre

חום

gripe

שפעת

diarrea

שלשול

dolor de cabeza

כאב ראש

cáncer

סרטן

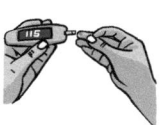

diabetes

סוכרת

cirujano

מנתח

bisturí

אזמל

operación

ניתוח

TC

סי-טי

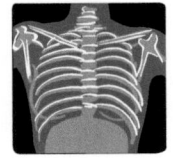

rayos x

רנטגן

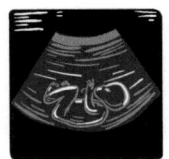

ecografía

אולטרסאונד

barbijo

מסיכת פנים

enfermedad

מחלה

sala de espera

חדר המתנה

muleta

קבה

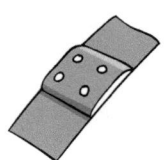

curita

פלסטר

venda

תחבושת

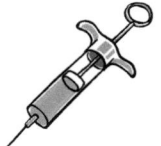

inyección

זריקה

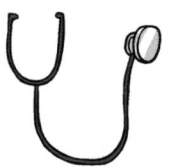

estetoscopio

סטטוסקופ

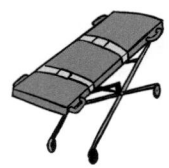

camilla

אלונקה

termómetro

מד חום

nacimiento

לידה

sobrepeso

עודף משקל

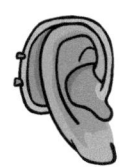

audífono

מכשיר שמיעה

desinfectante

מחטא

infección

זיהום

virus

נגיף

VIH / SIDA

איידס

remedio

תרופה

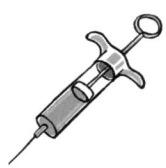

vacunación

חיסון

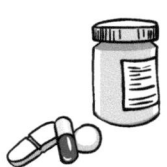

comprimidos

טבליות

pastilla anticonceptiva

גלולה

llamada de emergencia

קריאת חירום

tensiómetro

מד לחץ דם

enfermo / sano

חולה / בריא

emergencia

חירום

¡Ayuda!

הצילו!

alarma

אזעקה

agresión

פשיטה

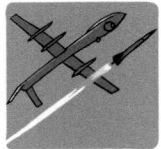

ataque

תקיפה

peligro

סכנה

salida de emergencia

יציאת חירום

¡Fuego!

אש!

matafuego

מטף כיבוי

accidente

תאונה

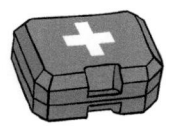

botiquín de primeros auxilios

ערכת עזרה ראשונה

SOS

הצילו!

policía

משטרה

Tierra
כדור הארץ

Europa

אירופה

América del Norte

צפון אמריקה

América del Sur

דרום אמריקה

África

אפריקה

Asia

אסיה

Australia

אוסטרליה

Atlántico

האוקיינוס האטלנטי

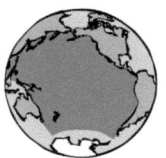

Pacífico

האוקיינוס השקט

Océano Índico

האוקיינוס ההודי

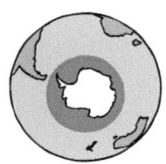

Océano Antártico

האוקיינוס האנטרקטי

Océano Ártico

האוקיינוס הארקטי

polo norte

הקוטב הצפוני

polo sur

הקוטב הדרומי

Antártida

אנטארקטיקה

Tierra

כדור הארץ

tierra

אדמה

mar

ים

isla

אי

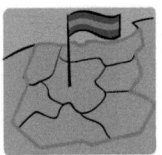

nación

לאום

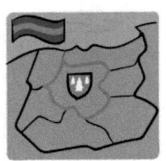

estado

מדינה

reloj
שעון

esfera

פני השעון

manecilla de las horas

מחוג השעות

minutero

מחוג הדקות

segundero

מחוג השניות

¿Qué hora es?

מה השעה?

día

יום

hora

זמן

ahora

עכשיו

reloj digital

שעון דיגיטלי

minuto

דקה

hora

שעה

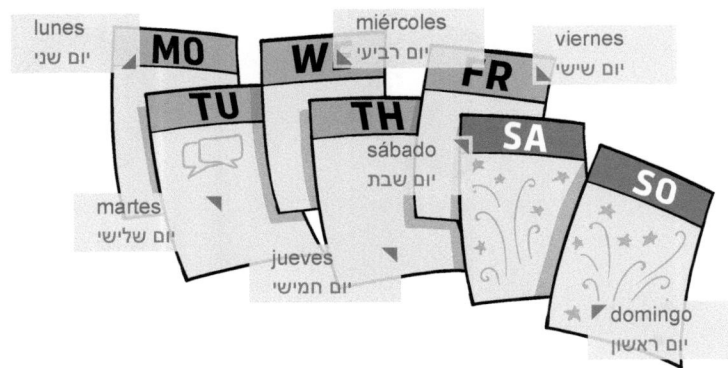

semana

שבוע

SA
lunes
יום שני
martes
יום שלישי
miércoles
יום רביעי
jueves
יום חמישי
viernes
יום שישי
sábado
יום שבת
domingo
יום ראשון

ayer

אתמול

hoy

היום

mañana

מחר

mañana

בוקר

mediodía

צהריים

tarde

ערב

días hábiles

ימי עבודה

fin de semana

סוף שבוע

año
שנה

lluvia
גשם
arco iris
קשת בענן
nieve
שלג
viento
רוח
primavera
אביב
otoño
סתיו
verano
קיץ
invierno
חורף

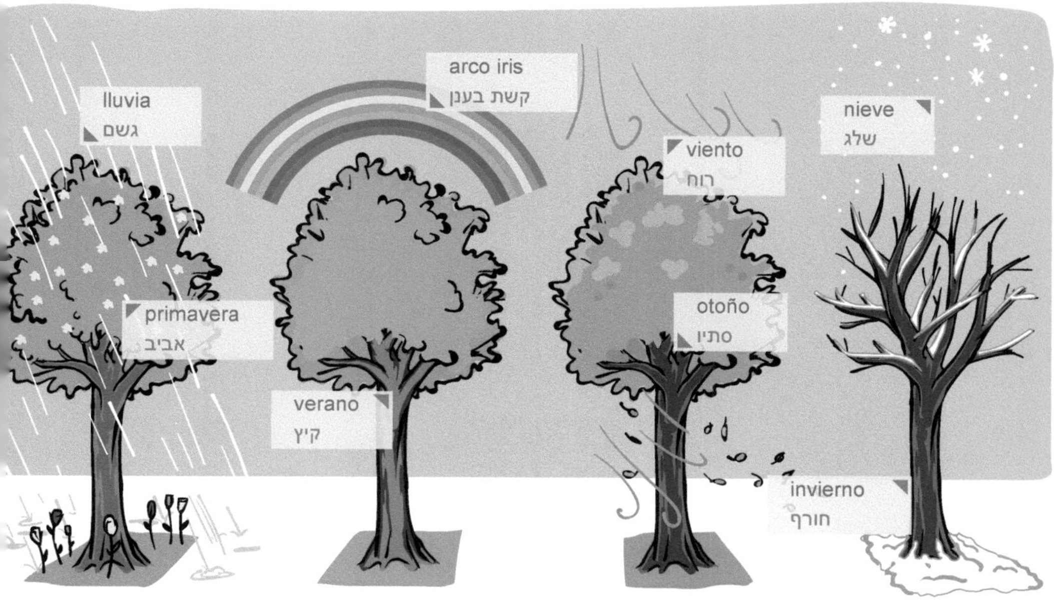

pronóstico meteorológico

תחזית מזג האוויר

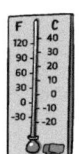

C

termómetro

מד חום

luz del sol

אור שמש

nube

ענן

niebla

ערפל

humedad

לחות

rayo

ברק

trueno

רעם

tormenta

סערה

granizo

ברד

monzón

רוח עונתי

inundación

שיטפון

hielo

קרח

enero

ינואר

febrero

פברואר

marzo

מרץ

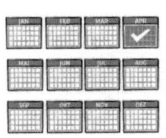

abril

אפריל

mayo

מאי

junio

יוני

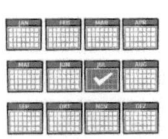

julio

יולי

agosto

אוגוסט

septiembre

ספטמבר

octubre

אוקטובר

noviembre

נובמבר

diciembre

דצמבר

formas

צורות

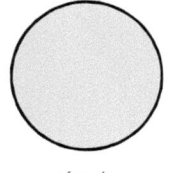

círculo

עיגול

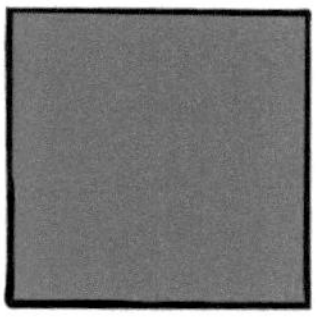

cuadrado

מרובע

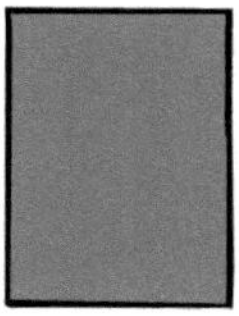

rectángulo

מלבן

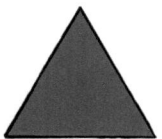

triángulo

משולש

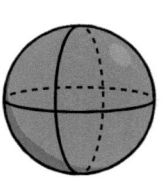

esfera

כדור

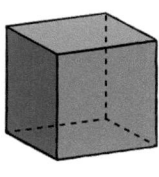

cubo

קובייה

colores

צבעים

blanco

לבן

amarillo

צהוב

naranja

כתום

rosa

ורוד

rojo

אדום

violeta

סגול

azul

כחול

verde

ירוק

marrón

חום

gris

אפור

negro

שחור

opuestos

הפכים

mucho / poco

הרבה / מעט

enojado / tranquilo

כועס / רגוע

lindo / feo

יפה / מכוער

principio / fin

התחלה / סוף

grande / chico

גדול / קטן

claro / oscuro

בהיר / כהה

hermano / hermana

אח / אחות

limpio / sucio

נקי / מלוכלך

completo / incompleto

שלם / חלקי

día / noche

יום /לילה

muerto / vivo

מת / חי

ancho / angosto

רחב / צר

comestible / no comestible

אכיל / לא אכיל

malo / amable

רשע / טוב לב

entusiasmado / aburrido

מתרגש / משועמם

gordo / flaco

שמן / רזה

primero / último

ראשון / אחרון

amigo / enemigo

חבר / אויב

lleno / vacío

מלא / ריק

duro / blando

קשה / רך

pesado / liviano

כבד / קל

hambre / sed

רעב / צמא

enfermo / sano

חולה / בריא

ilegal / legal

בלתי-חוקי / חוקי

inteligente / estúpido

נבון / טיפש

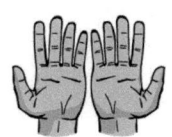

izquierda / derecha

שמאל / ימין

cerca / lejos

קרוב / רחוק

nuevo / usado

חדש / משומש

nada / algo

כלום / משהו

viejo / joven

זקן / צעיר

encendido / apagado

פעיל / כבוי

abierto / cerrado

פתוח / סגור

silencioso / ruidoso

שקט / רועש

rico / pobre

עשיר / עני

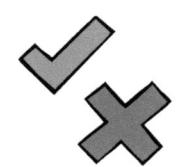

correcto / incorrecto

נכון / שגוי

áspero / suave

מחוספס / חלק

triste / contento

עצוב / שמח

corto / largo

קצר / ארוך

lento / rápido

איטי / מהיר

mojado / seco

רטוב / יבש

caliente / frío

חם / קר

guerra / paz

מלחמה / שלום

números

מספרים

0	cero	אפס
1	uno	אחת
2	dos	שתיים
3	tres	שלוש
4	cuatro	ארבע
5	cinco	חמש
6	seis	שש
7	siete	שבע
8	ocho	שמונה
9	nueve	תשע
10	diez	עשר
11	once	אחת-עשרה

12

doce

שתים-עשרה

13

trece

שלוש-עשרה

14

catorce

ארבע-עשרה

15

quince

חמש-עשרה

16

dieciséis

שש-עשרה

17

diecisiete

שבע-עשרה

18

dieciocho

שמונה-עשרה

19

diecinueve

תשע-עשרה

20

veinte

עשרים

100

cien

מאה

1.000

mil

אלף

1.000.000

millón

מיליון

idiomas
שפות

inglés

אנגלית

inglés americano

אנגלית אמריקאית

chino mandarín

סינית מנדרינית

hindi

הודית

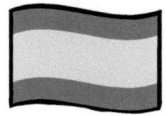

español

ספרדית

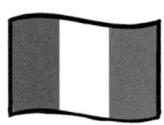

francés

צרפתית

árabe

ערבית

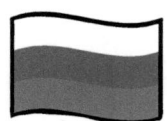

ruso

רוסית

portugués

פורטוגזית

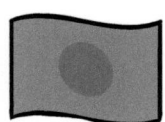

bengalí

בנגלית

alemán

גרמנית

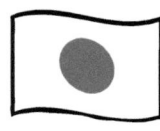

japonés

יפנית

quién / qué / cómo
מי / מה / איך

yo

אני

vos

אתה / את

él / ella

הוא / היא / זה

nosotros

אנחנו

ustedes

אתם

ellos

הם

¿quién?

מי?

¿qué?

מה?

¿cómo?

איך?

¿dónde?

איפה?

¿cuándo?

מתי?

nombre

שם

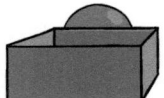

dónde
איפה

detrás

מאחור

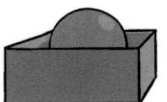

en

בתוך

adelante de

לפני

por encima de

מעל

sobre

על

debajo de

מתחת

al lado de

ליד

entre

בין

lugar

מקום